PARIS qui CRIE petits métiers par Pierre Vidal

PARIS QUI CRIE

Cet ouvrage a été tiré à 120 exemplaires

(Numérotés à la presse)

JUSTIFICATION DU TIRAGE :

Nos 1 à 50. Exemplaires imprimés pour les Membres titulaires de la Société des Amis des Livres.

Nos 51 à 78. Exemplaires des Membres correspondants ou adjoints.

Nos 79 à 91. Exemplaires offerts.

Nos 92 à 120. Exemplaires portant seulement le numéro d'ordre.

N° 114

PARIS qui CRIE petits métiers par PierreVidal

PARIS QUI CRIE

PETITS MÉTIERS

NOTICES

PAR

Albert Arnal. — Henry Spencer Ashbee.
Jules Clarétie. — Abel Giraudeau. — Henry Houssaye.
Henri Meilhac. — Victor Mercier.
Eugène Paillet. — Jean Paillet. — Roger Portalis.
Eugène Rodrigues.

Préface par Henri Beraldi

DESSINS DE PIERRE VIDAL

PARIS

IMPRIMÉ POUR LES AMIS DES LIVRES

PAR GEORGES CHAMEROT

19, Rue des Saints-Pères, 19

1890

PRÉFACE

Paris a toujours crié, crie et criera toujours. Depuis six siècles on note ses cris; depuis trois on dessine les crieurs, les marchands en plein vent, les petits métiers qui, n'attendant pas en boutique la venue du client, vont le solliciter ou l'importuner dans la rue. Et c'est parce qu'on les a souvent dessinés qu'il faut les dessiner encore. C'est parce que la série des documents est intéressante et riche qu'il serait dommage de la laisser s'interrompre. C'est parce que l'auteur anonyme des figures de la bibliothèque de l'Arsenal, et après lui Abraham

Bosse, Pierre Brébiette, les Bonnart, Guérard, Bouchardon, Boucher, Cochin, Poisson, Juillet, Watteau de Lille, Petit, Joly, Duplessi-Bertaux, Carle Vernet, Charles Aubry, Cantillon, Henry Monnier ont commencé qu'il faut continuer et tenir à jour ce répertoire de cris et cette galerie de physionomies en transformation constante.

Sans doute, il est un fonds qui reste immuable à travers le temps. Une poissarde vend du poisson aujourd'hui comme à l'époque de Guillaume de Villeneuve; un marchand d'habits actuel tient de fort près au dégraisseur de chapeaux qui nous est montré par la planche de Jean Leclerc; une fruitière est une fruitière à présent comme au temps de la Javotte de Désaugiers. Mais quelles variations du type, du costume, du décor dans lequel les industries s'exercent !

Quel changement, du commissionnaire ultramontain portraituré au XVIII siècle par Augustin de Saint-Aubin, au savoyard médaillé d'aujourd'hui; du premier homme-affiche dessiné en 1847* par Marlet comme une étrangeté, aux théories d'hommes-sandwiches, si longues et si encombrantes qu'il a fallu les exiler des boulevards! Il n'est pas encore bien éloigné, le temps où Eugène Lami, Victor Adam, Karl Lœillot lithographiaient les voitures publiques de Paris : et cependant ils n'ont pu prévoir ni les tapissières pour l'Exposition Universelle et les courses, ni les voitures-réclames; encore moins les impériales de wagons accaparées par les bonneteurs, qui vous invitent à monter au cri de : « En l'air la consol' » (le jeu de consolation).

Mais il y a mieux que des variations individuelles et isolées, et le fait du moment présent est une curieuse évolution générale.

Un mot d'explication.

Les petits métiers de Paris semblent, de prime abord, innombrables. A y regarder de près, on peut cependant les ramener à deux genres.

D'abord les métiers utiles, ou censés tels (ceux que M. Thiers aurait pu appeler les petits mé-

tiers « *nécessaires* »). *Ce sont en général des métiers du matin, ayant pour mission de fournir des
approvisionnements indispensables à la vie, ou
encore de rendre à la population divers services
pratiques : vider ses boîtes Poubelle, rempailler ses
chaises, repasser ses couteaux, tondre ses chiens,
la réconforter de café chaud s'il fait froid, la
rafraîchir de boissons glacées s'il fait chaud, li-
vrer aux enfants les oublies, les plaisirs et les gau-
fres. Métiers traditionnels, exercés par une armée
régulière de vendeurs dont le prototype est le marchand des quatre-saisons, autorisé, médaillé, pro-
tégé, favorisé à ce point qu'aujourd'hui il encombre les chaussées de ses files de petites charrettes,
pendant que le boutiquier d'en face encombre les
trottoirs de ses étalages. Ce qui, par parenthèse, a
pour résultat de donner à des quartiers entiers un
aspect de carreau des Halles aggravé de marché
du Temple !*

*Puis, dans l'après-midi, s'abattant sur Paris, la
bande des irréguliers, des inutiles, des suspects,*

dont le rôle est de rendre la voie publique inte-
nable, et qui, si l'on n'y met ordre, s'en acquittent
dans la perfection : dessinant sur l'asphalte des
poissons entrelacés ; vous offrant sans une seconde
de répit, si vous vous reposez à la terrasse d'un
café : la « Manière de traiter les femmes comme
elles le méritent », le « Journal des Cocottes »,
des pronostics de sport, des petits chiens, des anneaux de sûreté, des statues en plâtre, « Cent
vingt monuments de Paris pour un franc » ; tendant la main ; harponnant des bouts de cigares
jusque sous vos pieds ; vous proposant d'appeler
« vot' cocher, vot' voiture ». Ceux-là ne sont tous
que des variantes plus ou moins inquiétantes du
camelot.

Le développement rapide de cette horde de ba-
chi-bouzoucks, l'épanouissement du camelot, voilà
le trait caractéristique du moment. Notre dessina-
teur Pierre Vidal l'a très exactement saisi.

Impossible de fixer d'une façon complète, vu

leur variété, les cris et les boniments actuels. On a jadis attaché de l'importance à la notation musicale des cris de Paris : on s'est préoccupé de bien établir si « Pois verts » ou « Mes bott' d'asperges » sont vociférés en la naturel ou en si bémol. L'érudit Kastner était même parvenu à amalgamer tous les cris de Paris pour en former une grande symphonie avec chœurs. Ce singulier travail, qui consiste à faire rimer pruneaux avec cerneaux, et à combiner harmoniquement le hareng qui glace avec les tripes à la mode de Caen, est d'abord inutile et, de plus, le contraire de toute vérité, puisqu'il associe et mêle des éléments qui sont par essence séparés et discordants.

Arrivez donc à fondre le tutututu de la flûte de Pan du chevrier avec le pi... ouit sifflé par le titi; le taratata du poseur de robinets avec le tintintin du marchand de coco; la romance sentimentale râlée dans les cours par un chanteur épuisé, avec la chansonnette beuglée sur le tréteau du café-concert par une personne qui « casse des noisettes en s'asseyant d'sus » et avec les cris d'animaux dont le public trouve prodigieusement plaisant de l'accompagner!

Que la mélopée des marchands des quatre-saisons se puisse noter : passe encore. Mais comment fixer le cri du camelot, se présentant sous d'inconciliables modalités? L'homme-sandwiche, par exemple, ne crie rien; ce sont ses affiches qui hurlent pour lui. Le distributeur de prospectus, lui aussi, ne profère pas son cri, il vous le glisse dans la main. Le bookmaker jappe : « La cote! la cote! la cote! » (et s'il est Anglais : « La caotte! la caotte! la caotte!) ». Le cri de l'ouvreur de portière est qualifié d'aboiement : « Le vingt-six trente-quatre! » ou : « Le cocher Dominique de la rue d'Anjou! » Le déchargeur de bagages qui court derrière votre voiture n'a pas le loisir de crier, il est bien trop occupé à souffler. Le cri du marchand de billets est un murmure à l'oreille : « Moins cher! » Celui de la bouquetière est presque une caresse : « Monsieur, achetez-moi une rose! » Le cri du marchand de journaux varie de dimension suivant la tolérance administrative ; présentement on l'a rogné en ne lui permettant que le titre du journal, pas le moindre mensonge avec : le métier ne va plus. Enfin le camelot proprement dit croasse, glapit, psalmodie « Le brav' Général », ou « Ah! quel malheur d'avoir un gendre! », ou « le Cataclysme du canal de Panama », ou « l'Influenza chantée par Sulbac à l'Eldorado ». Tous les jours il y a du nouveau : nul ne peut plus suivre. Hier c'était le « cricri » d'une castagnette de fer, aujourd'hui c'est le « psitt » d'une poire de caoutchouc.

Cris et bruits qui, encore une fois, se refusent à la notation musicale, et il importe peu. Pour mener comme il convient ces exécutants-là, ce n'est point l'archet d'un chef d'orchestre qu'il faut : — c'est un balai.

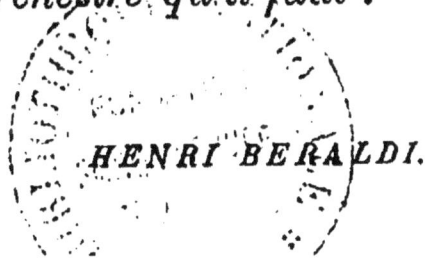

HENRI BÉRALDI.

LE PETIT NOIR

C'est au coin des ponts, à l'orée des faubourgs, sur les grands passages d'ouvriers que l'on trouve la pauvre vieille femme, avec son réchaud et sa grosse bouillotte, ou bien encore sur les quais, aux rampes où dévalent les débardeurs. Pour un sou, elle réchauffe de son café, vulgo *petit noir*, le travailleur allant de bonne heure à l'ouvrage, le chiffonnier qui rôde aux heures sombres et revient le matin avec son butin, et le pauvre diable sans domicile qui a passé la nuit sous les ponts.

Indifférente au fleuve humain qui passe auprès d'elle, hypnotisée dans ses vieux châles, elle rêve... à quoi peut-elle bien rêver?

Et pourtant, que de choses elle a vues, la marchande de petit noir! que de types divers l'ont coudoyée et quelle moisson d'observations philosophiques et immorales elle a pu faire! Voici le *trottin*, le nez au vent, cherchant l'occasion d'abandonner parents et atelier, le valet sans place affalé sur un banc, le provincial naïf suivant machinalement le cours de la

Seine, l'aigrefin en quête d'un bon coup, le philosophe à la poursuite... d'une idée, le flâneur, monocle à l'œil, à la poursuite d'une fine bottine, et la désespérée l'œil égaré, allant se jeter à l'eau.

Immobile, la marchande voit tout cela et bien d'autres choses; mais les révolutions peuvent gronder, les ministères tomber, tout lui est égal, comme disait Horace, pourvu qu'elle vende son petit sou de café.

R. P.

LE CHEVRIER

Ce chevrier n'a rien de commun avec celui du Val d'Andorre. Il ne vient pas de si loin, il n'est pas si vieux et, s'il était sorcier, cela m'étonnerait beaucoup. Le voyez-vous au milieu de ses chèvres au poil brun, à la carcasse anguleuse, à l'œil curieux et lascif : elles mettent volontiers les cornes en avant, quand on les veut traire.

Si l'on me demande quelle est la propriété du lait de chèvre, je répondrai que c'est de coûter meilleur marché que le lait de vache à la campagne et plus cher à Paris. Pourquoi? Je n'en sais rien. D'ailleurs connaissez-vous quelqu'un qui en boive, du lait de chèvre? Moi je ne connais personne; mais beaucoup de gens doivent se désaltérer ainsi, car le nombre de ces animaux augmente dans Paris. Le chevrier a dû quitter les hauteurs et les solitudes de Montmartre pour conduire lui-même ses élèves dans nos rues. Ce pasteur, semblable au Ménalque de Virgile, souffle dans un chalumeau et en tire des accents tout à fait rustiques. Il y a des moments où, en traversant la place de l'Europe, je me crois transporté en pleine églogue :

Dic mihi, Damœta, cujum pecus? an Melibœi?

C'est vraiment un métier nouveau.

Autrefois les ânesses à clochettes remorquaient à peine un cabri solitaire; à cette heure, les ânesses ont presque disparu pour faire place aux troupeaux bêlants que vous savez.

La chèvre, à Paris comme au village, reste fantasque, capricieuse et indépendante. Sur le bord du trottoir elle n'a pas plus peur d'une voiture, lancée au galop, que d'une avalanche, sur l'arête d'un abîme. Aussi fait-elle le désespoir de son chevrier, qui échange souvent son pipeau contre un fouet... c'est fâcheux, parce qu'au milieu de Paris le pipeau est bien couleur locale.

E. P.

18
SQUARE
DES
BATIGNOLLES

Pierre VIDAL

LES CHIFFONNIERS

Pour faire un chiffonnier, dit un auteur ancien, il suffit d'une hotte, d'un crochet, d'une lanterne et d'un gueux.

Traviès, l'inventeur de Mayeux, nous a laissé une image véridique de Christophe le *chiffonnier-philosophe*, fameux vers 1840 pour ses apostrophes au public, ses grossières saillies. — Il était réservé à Gavarni de fixer le type de l'espèce et de faire vivre à jamais les *chifferdons* androgynes.

On a décrit cent fois les mœurs des chiffonniers, leur misère souvent vicieuse, leur saleté sordide, leur promiscuité dans les bouges. — Ceux qu'on a appelés *vers luisants du ruisseau,* nous pouvons les voir encore toujours solitaires, silencieux, rapides, rasant les trottoirs leur lanterne à la main. — Ils s'arrêtent aux bons endroits, fouillent, piquent adroitement, et chaque tas d'ordures augmente la récolte... Pauvre récolte, maigre bénéfice, augmenté bien rarement de la trouvaille d'un objet de valeur, de la cuillère d'argent rêvée de génération en génération.

Soixante mille personnes, dit-on, vivent de l'industrie du chiffon, et cette population a dû, elle aussi, subir la loi du *transformisme* et de l'*adaptation*. — Le type classique, le chiffonnier des rues, disparaît chaque jour devant le Paris moderne, les larges boulevards, les égouts ; mais un coup plus funeste lui a été donné par un arrêté récent.

C'est fini ; nos chasseurs ne trouveront plus leur gibier sur la voie publique... La *boîte Poubelle* est née, et il faudra dorénavant compter avec le pipelet, gardien des immondices jusqu'au passage matinal du fameux tombereau à ascenseur.

Pour les déshérités, pour les prolétaires de la caste, il est cependant des jours de liesse. — Vienne une de ces aubaines assez fréquentes de nos jours, une élection municipale, par exemple, ou mieux une élection de député : Paris se couvrira d'affiches dix fois, vingt fois superposées et ce sera double moisson pour nos apprentis-chiffonniers. Colleurs avant l'élection, ils décolleront après le scrutin, et cette manne tombée des murs les fera vivre pendant plusieurs semaines. — Je doute qu'un député-chiffonnier eût voté la suppression du scrutin de liste.

A. G.

MARCHAND D'HABITS

« Habits à vendre ! » Ce cri est une antiphrase. Le marchand d'habits ne vend pas d'habits : il en achète. Il marchande, mais il paye comptant, et, à l'inverse de ces amateurs qui n'admettent dans leur collection que les œuvres d'une seule époque et les spécimens d'un seul genre, il montre le plus large éclectisme. Son esprit est ouvert comme est ouverte sa bourse. Il ne dédaigne rien, tout lui est bon : habits noirs et habits bleu de roi, redingotes et vestons, gibus et melons, escarpins de bal et bottes à l'écuyère, culottes de cour et pantalons de troupier, vêtements d'hier et uniformes d'antan, fourrures en juillet et cache-poussière en décembre. Même les taches de graisse, d'huile, d'encre, de vin, et les accrocs, taillades, lacérations, déchirures, moisissures, brûlures ont pour lui leur valeur — en décompte.

Le marchand d'habits doit être un philosophe. Pareil au fossoyeur de *Hamlet,* il sait la vanité des choses et leur courte durée. En sa boutique s'entassent les vieilles modes et les vieilles gloires d'une

génération. Pêle-mêle pendent et gisent les habits
de fiancés, les dolmans de généraux, les hermines de
conseillers, les fracs brodés d'or ou de vert de minis-
tres, de sénateurs, d'académiciens, les chasubles de
prêtres et les bas violets d'évêques. — Amour, vail-
lance, savoir, renommée, foi, vains efforts, vaines
croyances, vains honneurs, à la fosse commune du
« Décrochez moi ça ! »

H. II.

.

Pierre VIDAL

LE FONTAINIER

Turlututu Turlututu, et la trompette du fontainier, au ton suraigu, vous entre de force sa chanson dans l'oreille; note gaie de la rue, à Paris, mais qui est en train de disparaître. Partout maintenant, jusqu'au dernier étage des hautes maisons neuves, l'eau de source arrive à portée de la main; partant plus de fontaines en grès et plus de raccommodeurs de robinets.

Il paraît que jadis le fontainier jouait d'une trompette, longue en proportion de son importance et dans laquelle il faisait un bruit énorme. On raccourcit l'instrument, par mesure de tranquillité publique, et maintenant on ne lui permet plus que l'embouchure; mais cela suffit pour faire pénétrer sa musique dans les coins les plus discrets des appartements. A la première heure elle éclate. C'est la diane de l'amour conjugal qui sonne; aussi que de jolis péchés elle a sur la conscience, que de soupirs elle a fait pousser, la petite trompette du fontainier! Combien de Parisiens lui doivent le jour, qui ne s'en

doutent pas! Souhaitons longue existence à la petite
trompette : c'est un bruit original, et ils se font rares
au jour d'aujourd'hui.

R. P.

Pierre VIDAL

MARCHANDE DES QUATRE SAISONS

Des halles, dans la brume obscure encore et froide du matin, s'élèvent ralenties les clameurs de la dernière criée, et le dôme énorme déjà empeuplé rejette, de toutes parts, les marchandes des quatre saisons. Une hâte courbe les épaules sur les petites voitures; les mains se crispent aux poignées, les reins se tendent; les vieux pavés inégaux des rues voisines gémissent les chaos des roues précipitées. C'est la course à « la bonne place ». La plus prompte fera la meilleure journée!

Et chacune à son tour, arrivée à son poste, se range au trottoir, brave et fière de sa marchandise.

Légitime orgueil.

Impertinemment plantées en l'air, sur la face verdâtre de leurs fanes, les carottes prennent les allures de pifs ivrognards; les navets s'allongent pâles comme les nez de savants en détresse devant un problème insoluble; au contraire, les radis roses, tels que de petits nez, nez de fillette mutine, pointent allégrement. Et dans le désordre superficiel d'un habile pêle-mêle, choux, céleris et cardons s'étalent et se coudoient aussi pittoresques, attirants et suggestifs que des chefs-d'œuvre ingénieusement ouvragés.

Et, de là, monte un parfum de sol vivant et de terre saine qui désinfecte un instant les pourritures du ruisseau.

Puis, voici les poires, reflet éburnéen et mort des splendeurs rubescentes dont l'été enfiévrait naguère l'amoncellement des tomates; puis, la robe de bure des pommes de terre, les escargots baveux, les écrevisses grouillantes; et puis des fleurs : violettes en deuil et roses en fête, houx menaçants, jacinthes vicieuses, giroflées honnêtes, illusion à bon marché d'un éternel printemps endiamanté de rosée !

Le jour est levé; autour des voitures les ménagères s'agitent. Les mots volent. La lutte est engagée. Là, toutes les ruses; ici, toutes les défiances : égale tenacité. Le pauvre vend au pauvre : tout compte.

Cependant, la nuit vient et, de nouveau, pliant sur sa maigre boutique son torse brisé, lentement, l'humble commerçante regagne, au fond du faubourg, le taudis où, en famille, elle consommera les reliefs invendus de sa marchandise fanée.

E. R.

CHANTEUR DANS LES COURS

Le chanteur ambulant n'a plus rien du *barde*, ni du *ménestrel*. Ce n'est plus qu'un goualeur de mélodies avariées. Avec son frère ennemi le joueur d'orgue, il donne satisfaction au sens musical de ceux qui n'en ont pas.

On l'entend surtout dans les quartiers populeux. Une cour étroite, sombre, ressemblant au fond d'un puits est son théâtre accoutumé, et les grisettes, les employés sont ses auditeurs d'habitude. Point de prélude, point d'annonce, point de « mesure pour rien ». Il attaque et soudain les fenêtres s'ouvrent, quelques sous tombent, des têtes souriantes apparaissent et l'aiguille de l'ouvrière s'arrête pour un moment, piquée dans un corsage qu'on préférerait mieux rempli.

Tout le monde l'a entendu, ce chanteur, avec sa voix chevrotante et éraillée; cet homme erre tantôt seul, tantôt escorté d'un enfant qui glapit au refrain. C'est le type de la vieille gravure *le Mauvais Sujet et sa Famille*. Il chante des romances sans nom, où la mesure est à volonté et la césure bien souvent originale.

Qui pourrait dire dans combien de verres d'absinthe a trempé chacune de ces notes étonnantes que l'artiste tire de son gosier comme d'un bocal? Il y aurait là à faire une étude curieuse des sons et des alcools comparés.

Il y a quelques années, un de ces individus enchantait une maison du quartier latin. Il arrivait régulièrement tous les vendredis à onze heures et débitait toujours, sur le même air, les mêmes paroles qui finissaient ainsi : « Adieu, mon beau navire, mes beaux jours sont passés... » Bien passés, ils semblaient être en effet! Cet homme vint avec une grande exactitude pendant plusieurs années. Enfin, un vendredi, la cour resta muette et on ne l'a plus revu. Sans doute il est allé rejoindre ses beaux jours et son beau navire.

J. P.

Pierre VIDAL

LA POISSARDE

« Approchez, ma petite dame, je vas bien vous arranger ! » Et de fait, quand elle le veut bien, la marchande de poisson vous vend du bon et du beau ; mais gare aux myopes, aux chipoteuses, au bourgeois qui fait son marché lui-même. Si vous êtes une jolie femme, ne touchez pas trop à sa marchandise, elle vous assurerait qu'elle ne grossira pas dans votre main.

Très forte en gueule, légendaire pour ses réparties et ses gros mots, il ne faut pas l'asticoter beaucoup pour recevoir son paquet. La dame de la Halle a trouvé pourtant un poète épique, Vadé, pour la chanter. Très charitables aussi, et, fait bien connu, très monarchistes et même royalistes : ce sont ces dames qui allèrent le 5 octobre 1789 chercher le roi à Versailles. N'auraient-elles pas mieux fait de l'y laisser ? Pas communardes pour deux sous, par exemple ! Elles tiennent à leur église, à leur curé, et quand, à la Commune, on prit le curé de Saint-Eustache comme otage, elles allèrent, menaçantes, trouver le farouche Raoul Rigault, et il fallut bien qu'on le leur rendît.

Il était de mode, sous l'ancien régime, d'aller s'engueuler aux Halles. On raconte que le comte d'Artois eut l'imprudence, un jour, de demander l'heure, en gouaillant l'une d'elles : « De quoi, l'heure? » et, retroussant prestement ses jupons : « Regarde là, mets-y ton nez, ça fera le cadran solaire, et tu la sentiras taper. »

R. P.

Pierr Vidal

LE RÉMOULEUR

Il vit encore le rémouleur, le gagne-petit; toutes les machines, toutes les mécaniques n'ont pu lui arracher sa clientèle. Il a résisté au progrès moderne et pousse toujours sa brouette dont la roue est une parente bien éloignée de la roue de Fortune.

L'origine de son industrie se perd dans la nuit des temps. J'en atteste la belle statue du rémouleur antique; il est vrai qu'elle aiguise et ne meule pas. Mais l'on n'a pas oublié un fait capital de l'histoire mérovingienne, où le cri du gagne-petit tira une reine de France d'un grand embarras. Vous l'avez deviné, il s'agit de Frédégonde excitant au crime son page Landry, lorsqu'elle s'écria : Le roi sait tout, il faut absolument qu'il ignore le reste. Va! *j'entends le rémouleur*, c'est la voix du ciel... que le prince ne survive pas à son déshonneur.

Aucun doute ne peut s'élever sur l'authenticité de ces paroles qu'on ne lit ni dans Grégoire de Tours, ni dans Henri Martin; mais que le scrupuleux Touchatout s'est bien gardé d'omettre dans son Histoire de France si intéressante et si complète. Il est évident que les mots : « *Avez-vous des couteaux, des ciseaux à rrrrr'passer*, » inspirèrent à Frédégonde sa résolution ingénieuse.

C'est une nouvelle preuve de l'antiquité de ce métier, c'est aussi pour lui un honneur. D'ailleurs les honneurs n'ont pas manqué au gagne-petit. N'a-t-il pas été glorifié par les poëtes? Il a même heureusement inspiré Louis Festeau qui lui fait dire :

> Venez m'apporter votre outil,
> Pauvres veuves, jeunes fillettes :
> La meule du ·Gagne-Petit
> Redonne le fil aux serpettes.

Cette chanson est pleine d'entrain. Je regrette de voir l'espace me manquer et de ne pouvoir citer le couplet de Mme Putiphar. Le rémouleur lui donne, des conseils un peu rétrospectifs, mais qui auraient assurément embarrassé le vertueux Joseph. Quoi qu'il en soit, le rémouleur est honnête, tranquille, et, s'il apparaît dans l'histoire des Pharaons et dans les récits mérovingiens, il n'en est pas plus fier, il n'en est pas moins gai.

E. P.

JOURNAUX ET CANARDS

Ce n'est rien d'écrire ; le tout est d'être lu. Les journaux abondent ; leurs colonnes crèvent de prose ; le
papier est bon ; les entrefilets soignés ; des caractères
neufs savamment variés tirent l'œil sans le fatiguer.
C'est à qui offrira le titre de feuilleton le plus suggestif soutenu par la signature la plus illustre. La réclame
elle-même, spirituelle et discrète, jette un attrait à
la quatrième page.

Cependant le public est tiède ; la matière abonnable baisse ; le client se raréfie : il a de la méfiance !

Et Dieu sait cependant s'il aimait ses journaux,
ce bon Parisien ! On lui en a servi des montagnes. Il
a tout absorbé. Mais à force de retrouver, sous des
enseignes diverses, mêmes chroniques, mêmes théories politiques, mêmes aperçus philosophiques et
mêmes histoires de pick-pockets, il lui est venu
comme une pesanteur de littérature quotidienne,
peu à peu suivie d'indigestion et de pléthore. Il a
fallu pour le regaver lui titiller l'estomac. De là les
marchands « à la baguette » et les crieurs de canards.

Il y en a des vieux et des jeunes, des mâles et des femelles, des petits et des gros : tous voyous. Ça traîne le long des boulevards comme des escargots, geignant, glapissant, hurlant :

« L'*Intransigeant!* Faut lire l'article épatant d'Henri Rochefort. » — « La *Lanterne!* Demandez les scandales de la Préfecture de Police ! » — « V'là la *Cocarde* avec le manifes' du brav' gén'ral Boulanger! »

C'est défendu. — Mais bah! quand les sergots sont loin, il n'y a que ça pour empaumer le bourgeois. Et les gueulards, lentement, tournant autour des omnibus devant les bureaux, le nez en l'air, hissent leur marchandise jusqu'à l'impériale au bout d'un bâton. Et le soir, aux portes des théâtres, devant les cafés, toujours tirant les *guibolles*, clignant de l'œil, tendant la patte, raccrochant les sous, les bons sous qui font des *ronds* pour boire des canons avec les *gonzesses*, — ils rôdent...

« Demandez le *P'tit Journal!* L'assassinat d'un huissier. Horribles détails! Un sou ! »

Et le bourgeois dompté a donné son sou.

La presse est toute-puissante.

E. R.

LE COMMISSIONNAIRE

L'honnêteté même que cet enfant des montagnes de l'Auvergne. Comme le frotteur d'appartement son cousin, il jouit de la confiance générale. Il n'y a pas d'exemple d'un médaillé infidèle.

Le commissionnaire est d'habitude très jeune ou très vieux, mais c'est la même fidélité impeccable. Et quelle candeur chez le jeune, qu'il porte l'épître incendiaire, la lettre de rupture ou le rendez-vous d'amour : « Mon chat chéri, je t'attends devant chez Marguery à sept heures et je te mange d'avance; » ou encore la lettre de chantage : « Remettez cinq cents balles au porteur ou je dis tout! »

Insensible aux œillades de la bonne que sa fraîcheur unie à sa carrure émoustille, il reste pur des souillures de la rue. Quand il aura amassé un petit pécule, il ira retrouver quelque payse de là-bas, et fera souche d'honnêtes gens.

Parfois, pourtant, comme chez les cochers de fiacre, mais plus rarement, le commissionnaire est un déclassé. Récemment un ecclésiastique a besoin

le faire cirer ses souliers. Étonné de certaine génu-
lexion de son homme, il lui dit à mi-voix : *Tu es sa-
cerdos?* et l'autre de répondre en cirant plus fort :
Ego sum.

R. P.

DONNEUR DE COUPS DE MAIN

Sans profession, — tout comme le rentier! Ne faisant rien il fait de tout, saisissant l'occasion : ouvrant la portière d'une voiture qui s'arrête (si la voiture est découverte et n'a pas de portière, il a l'aplomb de se présenter tout de même!), criant des canards, aboyant des numéros de fiacres, murmurant à l'oreille du passant qu'il est un malheureux ouvrier sans ouvrage et sans pain. Mendiant, rôdeur, gouapeur et pis.

Du « donneur de coups de main », il s'est produit un sous-genre qui exerce un « petit métier » quasi régulier : le « déchargeur de bagages ». Voyez dans la cour du chemin de fer, à l'arrivée du train, cet homme de mine suspecte qui vous guette. Il va courir à côté de votre voiture chargée de malles; il courra sans perdre haleine de la gare d'Orléans à la place Malesherbes, ou de la gare de Lyon à Saint-Cloud! Et quand vous descendrez, il sera là, proposant un coup de main pour décharger et monter les colis : au besoin, doublé d'acolytes suspects racolés en route ; prêt à s'imposer si vous êtes inexpérienmté ou intimidé, arguant de sa fatigue comme d'un droit, n'attendant pas votre consentement pour commencer ses opérations avec une agilité extrême. Mais quel désastre, si au bout de deux lieues au pas de course, une voie ferme lui crie : « On n'a pas besoin de vous ici ! Allez-vous-en ! » Redoutable *aléa* du métier.

En somme, le donneur de coups de main maraude ici sur les terres de l'honnête commissionnaire médaillé. Comme on est toujours le fils de quelqu'un, le suiveur de voitures et d'omnibus peut se dire qu'il est une adaptation à la moderne du *coureur* d'autrefois, qui précédait les carrosses. Celui-ci avait casque à plumes, canne dorée, costume chamarré. Et notre misérable n'a que casquette à trois ponts, habits en loques, chaussures percées. — Le Progrès !

H. B.

PIEITE VIDAL

ANNEAUX DE SÛRETÉ

Cet homme chargé de chaînes, qui stationne à l'entrée du Pont-Neuf en face du cadran flottant de la *Samaritaine*, n'est pas, croyez-le bien, un criminel échappé de la Conciergerie. Le collier d'acier brillant qui couvre ses épaules n'est autre chose que son fonds de commerce, qu'il porte avec lui en attendant qu'il ait l'heur de vous le vendre en détail.

C'est *le marchand d'anneaux brisés... la sécurité des coffre-forts!... Approchez, Mesdames et Messieurs, mettez la marchandise en main; solidité et élégance!... Ne séparez pas ce qui doit être uni!... Avez-vous perdu votre clef?...*

Ne craignez rien, aucune trivialité n'échappera à ce brave camelot. Il a le respect de sa profession, c'est un négociant sérieux. Il ne vous parlera pas de l'anneau de Gygès, encore moins de celui d'Hans Carvel dont le déduit risquerait peu sans doute de scandaliser les petites grisettes du Boul'Mich' en rupture de rive gauche. Ce n'est pas que l'imagination ou la hardiesse lui manque, mais on se doit à son *article* et l'anneau de sûreté, paraît-il, est un article sérieux, qui se vend sans le secours superflu des boniments pimentés.

Tenez, le débit en est si facile que notre homme n'a pas craint d'y ajouter, afin de mieux utiliser ses facultés, un autre article, une fantaisie : *le petit peigne de poche, le vade-mecum des jolies filles... l'ordre dans le désordre... l'assurance contre le déshonneur! Avec son étui, vingt-cinq centimes, tout en écaille !!*

A. A.

TONDEURS DE CHIENS

Voilà peut-être le seul des petits métiers, où celui qui l'exerce ne dit rien et où c'est la clientèle qui 'crie.

Jadis le Pont-Neuf était le quartier général des tondeurs. Ils possédaient une boîte mystérieuse sur laquelle se dressait à angle droit une planchette avec peinture représentant un caniche à côtelettes et un minet au repos. On lisait au-dessous :

M. GIBOUT

TOND LES CHIENS, COUPE LES CHATS
ET SA FEMME AUSSI
ET
VA-T-EN VILLE

Ni chien, ni chat ne passait, sans trembler, près de ce Pont des Soupirs. En effet, que de queues, que d'oreilles sont tombées en cet endroit maudit !

On ne pouvait pas dire qu'après l'opération les chiens eussent l'oreille basse, ni qu'ils se sauvassent la queue dans les jambes; mais, saignants, brûlés, écourtés, honteux, ils avaient l'air échappés d'un poteau patibulaire.

Quant aux matous, *exempts du tendre embarras qui maigrit l'espèce humaine*, ils ne faisaient pas mentir leur réputation d'ingratitude, jurant tout haut après leur Fulbert d'occasion, qui venait pourtant de les débarrasser de l'esprit aventureux et libertin et de les mettre en état de faire les délices d'une concierge amie des bonnes mœurs.

Maintenant les tondeurs sont devenus des industriels. Ils n'ont plus la boite, ils ne travaillent guère sur le Pont-Neuf. Ils l'ont quitté et se sont répandus dans Paris. Quand on a besoin de leurs services, ils se rendent à domicile. Vous voyez arriver chez vous deux messieurs qui s'emparent doucement du patient, tirent d'un petit sac une tondeuse mécanique, des instruments spéciaux fort propres, et prestement terminent l'opération en quelques minutes. Après quoi ces messieurs se retirent avec convenance et sans bruit. C'est à peine si les animaux ont le temps de s'apercevoir de leur transformation.

E. P.

.

Pierre VIDAL

PETITS CHIENS

Les femmes qui font métier de plaire aux hommes adorent les bêtes. Pourquoi? je l'ignore, et me garderais de m'en enquérir. Plus une femme a d'amants, et plus il lui est nécessaire d'associer un animal à son existence, soit que l'intelligence humaine lui paraisse rebelle à la docilité absolue, soit que la bêtise humaine lui semble indigne de satisfaire ses besoins de despotisme raffiné. On peut disputer des causes. Mais le fait est vérifié, précis, palpable.

De là l'industrie du marchand de petits chiens.

— Ah! le joli petit chien!

Vous voilà retourné, mon cher collègue, Ami des livres, cherchant si l'ingénue de Lavreince ne serait pas descendue de son cadre à votre intention. Hélas! comparez : ces lèvres maquillées, ce nez trop retroussé n'ont rien de commun avec les grâces du xviiie siècle; mais suivez les yeux trop noircis de l'almée de trottoir, et voici le marchand de petits chiens.

Grave et convenablement vêtu, il se promène à petits pas sur les boulevards ou aux Champs-Élysées, suivant le temps et la saison. Derrière lui trottinent une demi-douzaine de chiens minuscules.

Frisés, pomponnés, musqués, jappant, sautillant, jouant, tous se donnent les airs les plus séducteurs du monde.

Et ils font des conquêtes.

— Ah! le joli petit chien! Quel âge a-t-il? — Huit mois! — Il ne grandira pas? — Presque plus, madame! — Combien? — Soixante francs! — Oh! mon chéri, comme ça me ferait plaisir!

L'infortuné chéri se fouille et paye.

La demoiselle emporte précieusement une apparence de caniche, ou un soupçon de fox-terrier, âgé réellement de cinq semaines. Huit mois après elle pressera sur son cœur un mâtin innommable du poids de 24 kilos.

Le marchand de petits chiens ne vend que des gros chiens... quand ils sont tout petits.

E. R.

BUVETTE
VINS
DU THEATRE

Pierre VIDAL

LE MARCHAND DE BILLETS

Tout le monde connaît cette variété de l'insupportable tribu des *camelots*, ce solliciteur importun tenace et crasseux qui vous harcèle aux abords des théâtres. Il est là embusqué dès le matin et guette sa proie. Doué d'un flair spécial, il sait reconnaître au premier coup d'œil le *client* du simple passant, il l'aborde, le presse, lui offre sa marchandise. — Devant cet assaut, vous faiblissez, vous cédez, et, sans plus de paroles, il vous entraîne dans une rue latérale, chez un mastroquet nauséabond. — C'est là que, légèrement honteux, vous pouvez enfin débattre le prix du billet avec un personnage dont l'autre n'était que le racoleur. C'est *moins cher qu'au bureau;* oui, si la pièce est mauvaise ou usée, la salle à moitié vide; mais si c'est un succès, une nouveauté, les prix sont fort augmentés, doublés, quelquefois triplés. L'affaire conclue, le client naïf devra encore payer ce que le racoleur appelle ses petits profits. Ce trafic de billets n'est pas autorisé; il est du moins toléré par la police et certainement encouragé par

les directeurs de théâtres. — C'est le moyen de mas-
quer une défaite, de surchauffer un succès. — De
temps en temps, pour calmer les plaintes du public
qu'on écorche, on traque ces braves industriels, on
les pourchasse, on les râfle comme les demoiselles
du boulevard ; mais ils ont la vie dure, ils sont agiles,
et le lendemain ils sont revenus plus nombreux que
la veille. — Usant de tous les subterfuges pour acca-
parer les loges et les fauteuils, ils ont rarement des
bouillons, et après tout, ils sont utiles à l'étranger
qui veut voir la pièce en vogue. — Le vrai Parisien
préfère attendre quelques jours et ne paiera pas
l'impôt du marchand de billets.

A. G.

THE DISTRIBUTER OF PROSPECTUSES

Strolling one evening on the Boulevard, I felt a tickling in my palm. Closing my hand instinctively my fingers grasped a piece of paper, soft and supple. Was it a curl paper, a shaving paper, or was it intended for another domestic use! I approached the light of a neighbouring kiosque to examine it. It was printed, and contained a polite invitation from a philanthropic doctor to visit him between certain hours, any morning, and benefit by his skill, gratis. That is to say, he left it to me to fix his fee after full satisfaction. There can be no two opinions about such a proposal!

The individual who slipped the paper into my hand was meanly dressed in shabby genteel clothes, which had probably passed from the Pont Neuf to the Marché du Temple before coming into his possession. He was smoking a short pipe, and seemed to take life easily. It struck me that he might formerly have tried his hand at some more dignified calling, and been unsuccessful.

The Distributer of Hand-bills is not of ancient
date, scarcely older perhaps than half a century. He
can not claim a place among the classic *Métiers de
Paris*. He wears no distinctive dress (national cos-
tumes are unfortunately fast disappearing every-
where), he has no peculiar sign, sound, or habits. It
is indeed doubliful whether his origin is purely
French; may he not have sprung from England, and
merely preceeded by a quarter of a century his near
relation the *Sandwich-man* who has now definitely
taken his place on the pavement of Paris! He must,
I fear, be deemed a nuisance, and

> Our daily prayer then to protect us is
> From the Distributer of Prospectuses.

H. S. A.

Pierre VIDAL

MARCHAND DE COCO

Déjà le marchand de coco a presque disparu. A la fin du siècle, on ne verra plus son réservoir de velours rouge garni d'argent que dans les galeries du musée de Cluny, au milieu des hanaps, des vidrecomes et des grandes fontaines de cuivre repoussé. Il y a trente ans, sa petite sonnette tintait en mineur aux Tuileries, aux Champs-Élysées, sur les boulevards, et, le soir, aux abords de l'Ambigu, du Cirque Impérial et des Funambules. Les jours de fête populaire et les jours de revue, le marchand de coco semblait se dédoubler, se multiplier. Il était partout à la fois. Quand passait un régiment, il emboîtait le pas, marchant avec fierté à la hauteur du caporal-sapeur, qui portait comme lui le tablier blanc. Le roulement des tambours, le chant des clairons, les rugissements des trombones et des saxophones étouffaient la voix fêlée de la petite sonnette. Mais le marchand de coco ne s'en inquiétait pas. « ...Et il se réjouissait dans son âme du tumulte des armes. »

Au reste, le marchand de coco a eu son heure

d'héroïsme. Le 30 mars 1814, un marchand brava la mitraille russe pour offrir le coco du combat aux invalides et aux gardes nationaux qui défendaient la barrière de Clichy.

Ceci tuera cela. Le règne du marchand de coco — qui d'ailleurs a duré plus de dix-huit ans — est passé. Le coco est détrôné par les bocks à quatre sous, les glaces à un sou, la grenadine, le sirop de Calabre... et les fontaines Wallace.

H. H.

LIMONADE EN PLEIN VENT

Le marchand de coco, avec son étincelante fontaine de cuivre, sa clochette et ses gobelets argentés, ne sera bientôt plus qu'un personnage légendaire. Figure populaire de l'ancienne monarchie, il s'est laissé détrôner par le démocratique marchand de limonade en plein vent. Celui-ci n'a pas le costume et les accessoires de son pittoresque devancier. En blouse bleue et en casquette, il pousse devant lui sa petite voiture à trois roues, surmontée d'une tente à rideaux de mousseline blanche, et contenant trois compartiments : un pour la glace, un autre pour le coco, et le troisième pour la limonade dite *sirop de Calabre*. Vous le trouvez partout où il a l'espoir de rencontrer une clientèle altérée, dans la journée aux abords des jardins publics et des squares, le soir à la porte des bals et des théâtres. « Fraîche et bonne, à la glace : qui veut boire ? » Mais son cri n'exerce guère de séduction que sur les enfants et les femmes, et les gosiers masculins dédaignent son anodine liqueur. Lui-même délaisse volontiers son comptoir ambulant pour celui du marchand de vin, et son nez ne sert pas toujours d'enseigne à sa marchandise. Au moins résiste-t-il facilement à la tentation de boire son fonds.

Le marchand de limonade se recrute ordinairement dans la colonie italienne, et cumule sa profession avec celle de marchand de marrons et de modèle d'atelier. Il disparaît et revient avec les hirondelles, et bénit le soleil qui fait hausser ses prix avec le thermomètre. C'est un fantaisiste, qui change de métier à chaque saison, bohème des professions manuelles. Pour moi, je regrette le classique marchand de coco avec son tricorne et son gilet de velours à fleurs, un vrai type français, celui-là, fidèle à ses vieilles traditions de costume et de manipulation, et qui est comme une protestation muette contre notre fin de siècle en blouse et en casquette de soie.

V. M.

Pierre VIDAL

GLACES A UN SOU

Rafraîchissez-vous! Glaces et sorbets, cinq centimes, un sou le verre! Rafraîchissez-vous!

Et sur ce refrain séduisant s'avance, traîné par un âne ou poussé par un homme, l'établissement roulant couvert d'un dais de couleur claire, tout pimpant de grelots et de drapeaux. C'est le Tortoni du peuple qui passe.

Le siècle a marché et le classique marchand de coco avec sa petite clochette, son haut cylindre garni de panne rouge et de cuivres étincelants ne nous suffit plus. Il semble passé déjà dans le domaine du mélodrame. Quelques-uns luttent encore dans les Champs-Élysées pour sauver le pittoresque qui s'en va; et ma foi! je ne sais qui l'emportera du marchand de coco traditionnel ou du glacier ambulant. Les clients de celui-ci sont jusqu'à présent d'espèces assez rares et peu variées : ce sont d'abord les gamins des rues, les écoliers qui ne craignent rien, pas même une bonne colique qui les dispenserait de travailler le lendemain, quelques petites bonnes fraîchement débarquées de province et désireuses de s'instruire, et... c'est tout. Le passant, dans les quartiers riches, n'arrête pas fréquemment le char du glacier populaire, et, dans les quartiers ouvriers, le zinc du marchand de vins aura toujours la préférence.

Il y a cependant de grands jours encore pour la glace à un sou comme pour le coco : ce sont les jours de fête publique, de revue surtout, quand la population s'en va, poussiéreuse et roulante, satisfaire son instinct de prédilection, sa passion toujours inassouvie pour le panache, le tambour, la trompette et le régiment qui passe.

A. A.

ST EXPRESSEMEN
TNIR DEBOUT OU DED

Pierre Vidal

JOUEUR DE BONNETEAU

Le bonneteau est un petit métier d'importation anglaise. Il règne en maître sur les talus des fortifications et sait abréger la longueur des trajets en chemin de fer. Pour toute patente, celui qui l'exerce est sujet à recevoir quelques semaines d'hospitalité gratuite dans un palais du gouvernement (Mazas ou la Santé), la Justice prétendant, à tort assurément, que le bonneteau est une variété de l'escroquerie.

Chacun connaît, peut-être à ses dépens, ce jeu piquant et attirant où le ponteur, sans cesse trompé par ses yeux, s'obstine, quand même, à leur confier la fortune de sa bourse. Je ne puis chercher à expliquer de quelle façon le banquier file la carte, alors qu'en regardant très attentivement on ne comprend pas la supercherie ; mais je dirai que le tour de main consiste, sur trois cartes, à en faire perdre une de vue pendant un instant. Pour moi, si je devais jouer

au bonneteau, je n'hésiterais pas à me faire bander
les yeux et à crier comme la taupe de la fable :

Serrez bien, car j'y vois ;
Serrez, j'y vois encore.

Au moins comme cela j'aurais les chances de pile ou
face.

Je me souviens d'un repas succulent auquel j'avais
été convié chez un amphitryon « di primo cartello ».
A ce repas assistait le magistrat qui venait d'ordon-
ner les premières poursuites contre les bonneteurs.
Au cigare, la conversation tomba sur ce sujet et le
personnage en question dut avouer, ainsi que plusieurs de ses collègues présents, sa parfaite igno-
rance du jeu qu'il prohibait. Je le connaissais et
j'eus l'imprudence de demander les deux cartes
rouges et la carte noire de rigueur. Pendant plus
d'une heure je jouai au bonneteau avec la magis-
trature. J'aurais pu réaliser un bénéfice considérable
et dévaliser le chef du parquet lui-même, qui était
le plus acharné de tous... j'eus le bon esprit de ne
pas lui réclamer mon gain.

Il ne m'a pas fait arrêter le lendemain ; mais je l'ai
échappé belle !

J. P.

.

Pierre VIDAL

LOUEURS DE CHAISES

Le génie du petit commerce parisien à tirer parti des événements est inépuisable. M. Jourdain faisait de la prose sans le savoir; certains industriels sont des opportunistes inconscients. Tels les loueurs de chaises portatives qui exploitent les spectacles de la rue et la curiosité populaire. Un feu d'artifice, les funérailles d'un grand homme, l'arrivée du shah de Perse, une revue ou des courses à Longchamps, sont autant d'aubaines pour ces spéculateurs intermittents, Ce jour-là, ils entassent sur une voiture à bras tout le mobilier dont ils disposent : chaises dépaillées, bancs disjoints, tables vermoulues. C'est le cas de dire qu'ils font flèche de tout bois, et l'on a même vu des peintres apporter leur échelle double, et des camions transformés en tribunes. Cependant la foule s'amasse. « Qui veut des places? A dix sous, à vingt sous ! On paie en montant! » Les amateurs se précipitent, les chaises sont prises d'assaut, dix badauds grimpent sur la table : la recette empochée de suite est magnifique. Voici le moment psychologique ! le bouquet éclate, le cheval touche au poteau, le canon gronde, un éclair passe sur la ligne des troupes qui présentent les armes, les tambours battent aux champs, le général paraît. On trépigne. Vive *not'brav'Général!* Au même instant, un craquement sinistre se fait entendre, la table et les sièges s'effondrent, et les spectateurs sont précipités les uns sur les autres dans une confusion inexprimable. C'est précisément le moment où le *brav'Général* fait caracoler son cheval noir devant l'estrade officielle. Ils se relèvent furieux et cherchent les loueurs de chaises pour leur faire rendre l'argent. Mais ceux-ci ont profité de la bagarre pour disparaître avec la recette qui leur permettra d'acheter un mobilier neuf, abandonnant leurs clients à des méditations cuisantes sur la fragilité des tribunes à bon marché et des enthousiasmes populaires.

V. M.

Pierre Vidal

MARCHAND DE PLÂTRES

« Signore ! Moussiou ! achetez ma Vénous ! » Et il vous offre, avec un détachement égal à celui des bras de son modèle, une réduction en plâtre odieusement bronzé de la Vénus de Milo, ou cet éternel enfant sans style, en pseudo terre-cuite, tenant une corbeille au-dessus de sa tête.

Le marchand de moulages est le plus souvent de race piémontaise ou calabraise ! Mais, hâtons-nous de le dire, son commerce n'est pas très lucratif et ce n'est pas lui *qu'a la braise*. Aussi joint-il souvent à ce petit métier celui de modèle dans les académies. Ne vous étonnez donc pas trop qu'il présente sa marchandise, avec des effets de torse. Jadis il la portait au moyen d'une planchette sur l'épaule et l'étalait sur les parapets des ponts. Maintenant c'est dans un panier qu'il la colporte à la terrasse des cafés, entre un ramasseur de bouts de cigares et une bouquetière précoce.

Avec ses yeux noirs et ses cheveux frisés rappelant de loin les types classiques de sa belle patrie, il est

un de ces cosmopolites encombrant nos boulevards, dont le métier se transforme au besoin : aujourd'hui marchand de plâtres artistiques et demain
ruffiano.

R. P.

Pierre VIDAL

VOILÀ POUR LES COURSES!

Jour de courses! Aujourd'hui, demain, tous les jours!

De la Bastille aux Champs-Élysées, errent en serpentine irrégulière des breacks, des omnibus, des chars-à-bancs, guimbardes naguère irréparables et pourtant réparées, ou roublards équipages réchampis de neuf; tous marchant, trottinant au bord de la chaussée, humbles sous les rênes molles du vieux cocher rôdeur, flambards sous le fouaillement du jeune postillon enrubanné : grains inégalement espacés d'un chapelet incohérent éparpillé sur le ruban — des boulevards — interminable.

Les voitures de courses!

— *Voilà pour les courses! Voilà pour les courses!*

La scie du cri répété s'en va jusqu'au trottoir égratigner le tympan des promeneurs. C'est le plus souvent une femme qui leur jette ça dans l'oreille, effrontément, tour à tour huchée sur le marchepied, ou, par derrière, traînant ses savates, les bras agités en télégraphe, la jupe flottante en drapeau.

— *Voilà pour les courses! Encore une place!*

Au vrai, cinq sont vides. Mais comment le sportsman d'occasion, trop tard au fait de la duperie, oserait-il risquer, par une fuite difficile, le terrible écrasement des pieds voisins généralement énormes. La résignation s'impose : il est paumé !

— *Encore une place, et on part!*

Successivement, lentement, péniblement (car la concurrence est grande) le chargement se complète. Enfin on est parti !

— *Voilà pour les courses! La dernière place! A qui la dernière place? Monsieur! Monsieur!*

Et pas loin des fortifications elle en raccroche encore un. Houp ! Hissé sur le siège à bout de bras entre elle et le cocher, on l'emboîte. De la banquette, il reste à peine à la femme le demi-soutien d'une fesse, où se cramponne, en équilibre instable, l'instinctive contraction de son bassin assoupli.

Maintenant, l'œil vague, pleine du sentiment d'un devoir accompli, elle médite les multiples douceurs que lui verseront tout à l'heure, au fond des verres de cassis partagés avec son petit homme et le cocher, les trois francs du *lapin* supplémentaire.

E. R.

Pierre VIDAL

AUX COURSES

Voyez la cote ! la cote ! la cote ! la belle cote ! Trois contre un je donne Ténébreuse ! Le champ contre Vesta ! — Et le crayon bleu à la main, le bookmaker appelle les clients de toute la puissance de ses poumons, tandis que le parieur cherche à se souvenir des « performances », écoute le « tuyau » que lui donne un malin, s'inquiète de la « monte », examine les chevaux en connaisseur, admire le galop d'essai, et, finalement, met cinq louis sur le grand favori, qui arrive bon dernier.

C'est que le parieur aux courses est un des gogos les plus tenaces qui soient au monde, et, dame ! le bookmaker en joue et en vit. Combien y en a-t-il qui sont arrivés pauvres sur le turf, il y a dix ans, et qui, aujourd'hui, font courir à leur tour, sont membres de clubs bien cotés et battent monnaie ! C'est qu'ils ont bien su faire « leur livre ».

La sacoche du Book, c'est la cagnotte des maisons de jeu. Tout finit par y passer, pourvu que le parieur soit tenace et le Book patient. Mais, avant tout, il

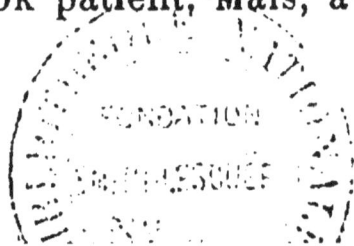

faut, pour en arriver là, que le Book ne soit pas joueur, car s'il joue, il perdra. Il faut, ensuite, qu'il sache bien faire son livre, c'est-à-dire répartir également l'argent des parieurs, à l'aide de cotes alléchantes, sur tous les chevaux indistinctement, de manière à gagner à coup sûr, quel que soit le cheval qui arrive.

Avez-vous ces deux qualités? — Quittez tout, pour être bookmaker, et je vous réponds qu'en dix ans votre fortune est faite.

J. P.

MARCHANDE DE PLAISIR

La marchande *de plaisir* n'éprouve jamais de plaisir. Son existence est fade comme sa marchandise. Point d'âge et pour ainsi dire point de sexe. Une figure marquée de 40 à 60, triste, résignée, indifférente; un facies de bête de somme, monté sur un corps dévié en arc de cercle sous le poids de la longue boîte tubulaire suspendue au bras droit. La main gauche agite mécaniquement des cliquettes monotones, telles que celles imposées jadis aux lépreux par les reglements de police, et la voix pointue jette aux passants la phrase languissamment rythmée : « *Voilà... l'plai... sir, Mesdames, voilà... l'plai...sir!* » Ses pas, alourdis du côté de la boîte, légers sous les cliquettes, se combinent en une démarche clochante et fatiguée. Cependant infatigable, elle remonte les Champs-Élysées, sillonne les Tuileries, bat le Luxembourg, le Palais-Royal et même le Jardin d'acclimatation, éternellement vouée à la même allure et au même itinéraire. Tel le cheval qui fait tourner un manège.

La marchande *de plaisir* ne sourit guère.

Mais que de joies elle soulève autour d'elle! Tout un monde enfantin tient l'oreille tendue vers ses *cliquettes* dont le *cla-cla* criard résonne plus mélodieusement sur ces jeunes tympans que les sonates du divin Mozart; et la boîte de Pandore n'éveilla jamais de convoitises plus ardentes que le rouleau de fer-blanc peint en vert où s'abritent les humbles trésors de sa marchandise.

Le *plaisir*, aussi nommé *oublies*, est un gâteau d'une pâte dorée, croquante, mince comme du papier, plus fragile qu'un verre de Venise, en forme d'entonnoir coupé en deux dans la hauteur. Cela caresse l'œil des enfants et excite leurs désirs. Mais sous le doigt cela tombe en poudre, et sous la langue c'est fondu avant d'avoir été goûté. Un *cornet* de *plaisir* est grand comme six tartelettes de pâtissier et ça ne coûte qu'un sou; mais c'est cassé, mangé et digéré en moins de temps qu'une bouchée de tartelette.

La marchande d'*oublies* enseigne aux enfants que rien n'est meilleur marché que le *plaisir*.

La vie leur apprendra que rien ne coûte plus cher.

ABOYEUR DE VOITURES

C'est le métier de ceux qui n'en ont pas et qui vivent des hasards de la rue, un métier qui n'exige de ses adeptes que de bonnes jambes, des poumons solides, et l'accent de Belleville et de Montmartre. L'aboyeur de voitures opère principalement à la sortie des théâtres et des courses, où il obsède le public de ses offres de service : « M'sieu, vot'cocher, vot'voiture! » Le client trouvé, il arpente la file des voitures en vociférant le numéro du fiacre ou le nom du cocher qu'il est chargé de ramener : « Le numéro 24-66 (pour 2466). Le cocher Louis de chez Brion! Le cocher François de la Compagnie générale ! » Puis il revient, sur le marchepied, toucher un salaire proportionné à la générosité du client. La recette est assez mince, mais il s'ingénie à la grossir par l'exercice de métiers aussi variés qu'accessoires. Le matin il fait des corvées aux Halles ; l'après-midi il fréquente les berges de la Seine, où il trouve à baigner des chevaux et des chiens ; enfin il vend des cartes transparentes, le *Dernier Cri de ma belle-mère* et la *Sûreté des clés*, et tient un peu de bonneteau à ses moments perdus. Ce cumul lui assure, à la fin de sa journée, une honnête moyenne et il jouirait d'un bonheur à peu près sans mélange s'il n'avait un ennemi naturel et juré, le gardien de la paix. Or il arrive un jour fatal, où l'aboyeur de voitures se fait par nécessité simple ouvreur de portières et tend, sous ce prétexte, la main à la charité publique. C'est alors qu'intervient l'agent qui l'arrête pour mendicité, lui ouvre pour rien la porte de la voiture cellulaire, et le fait traduire en police correctionnelle où se termine son roman, le roman de la portière.

V. M.

RAMASSEUR DE BOUTS DE CIGARES

C'est un type bien amusant que celui de ce gros garçon bouffi, à la peau huileuse, imaginé par Alphonse Daudet dans *Jack*. Sa passion est de fumer des bouts de cigares, et d'en offrir généreusement à ses camarades du gymnase Moronval. C'est à cette douce manie que Jack reconnaît son ancien ami, qu'il avait oublié depuis de longues années.

Voilà peut-être le premier ramasseur de bouts de cigares, mais depuis il a fait école. Aujourd'hui il est légion, et je ne désespère pas de le voir bientôt payer patente, et avoir sa chambre syndicale.

Le ramasseur exerce de préférence aux abords des théâtres, aux environs des cafés et des restaurants à la mode ; partout enfin où le fumeur se voit contraint, bon gré mal gré, de lui abandonner l'objet de ses convoitises.

Les ramasseurs du commun, les plus nombreux aussi, se soucient peu de la galerie. Ils se précipitent, sans fausse honte, et poursuivent, parfois même jusque sous les jupons des dames, le *mégot*, qu'ils éteignent ensuite avec leurs doigts, comme entre des pincettes. Mais il y en a de fiers, de dédaigneux! Ceux-là méprisent l'humble cigarette, et ne font les honneurs de leur poche qu'au restant de londrès. Encore ne se courbent-ils pas sur le bitume pour le ramasser. Ils le cueillent noblement, du bout de leur canne, grâce à une petite fourche de leur invention et sans que vous y preniez garde. Ceux-là sont les aristocrates de la profession.

Tant il est vrai que l'égalité n'est qu'un vain mot, puisqu'elle n'existe pas, même parmi les ramasseurs de bouts de cigares.

J. P.

LA BOUQUETIÈRE

Elle attend le soir à la porte du restaurant chaud de lumières, la petite fleuriste, elle attend le couple qui passe, l'amoureux qui va sortir, la Parisienne à qui elle dira, doucement, comme pour l'inviter à ajouter un parfum à une subtile odeur d'amour : « *Fleurissez-vous, Madame.* » Elle a quinze ans, seize ans ; elle est fine comme une hirondelle, rusée comme une chatte et si jolie!... D'autres, plus jeunes, débitent leurs violettes d'un sou et leurs sourires de gamines impubères. Celle-ci ne me paraît vraiment vendre que des fleurs, les fleurs de son panier et le dessus de ce panier. Il y a comme une grâce de petite Anglaise délicate dans cette frêle Parisienne qui vend du printemps et des roses.

— Fleurissez-vous, Mesdames !

Les poètes des vieux âges ont chanté les vendeuses de fleurs de la Grèce ou de Rome : Glycère, Néèra, et l'on trouverait dans Bion ou Moschus des épigrammes offertes, comme un bouquet, aux jolies filles d'autrefois. Elle ne trouvera point d'Anacréon, la petite fleuriste accotée à la porte de l'hôtel, où les chambres meublées abritent des amours de passage. Le réalisme moderne est loin, hélas, des grâces antiques!...Quelque butor lui prendra tout à l'heure le menton ou la taille. — A combien les fleurs? — A combien la fleuriste?

Et elle aura, devant la brutalité du propos, une larme au coin de l'œil, la petite, ou un sourire au coin de la lèvre. L'un, après tout, est aussi triste que l'autre. Regardez-la bien : elle est charmante. Vous la retrouverez dans un demi-monde meilleur!

J. C.

LE CAFÉ-CONCERT

Pendant la nuit qui suivit la mi-carême, j'ai fait un rêve; je rêvais que j'étais un Grec, pas un Grec d'aujourd'hui, un Grec du temps de Solon. J'errais dans la campagne de l'Attique, je vis venir à moi un chariot qu'escortait une foule énorme; ce chariot était celui de Thespis, tout simplement. Je dois avouer que dans mon rêve il ressemblait tout à fait à une voiture de blanchisseuse, cela tenait sans doute à ce que, dans la journée, j'avais vu défiler pas mal de ces voitures; c'était pourtant bien le chariot de Thespis, il n'y avait pas à s'y tromper. Un personnage grave tenait une bannière sur laquelle étaient écrits ces mots : Chariot de Thespis, et l'on disait autour de moi que ce personnage était Thespis lui-même. Près de lui se tenaient quelques jeunes Grecs au menton soigneusement rasé, et quelques jeunes personnes, fort légèrement vêtues. Les uns et les autres avaient le visage barbouillé de lie... Ce maquillage primitif, s'il n'embellissait pas les hommes, n'empêchait pas, du moins, les jeunes personnes de paraître fort jolies.

Ce n'était pas d'elles cependant que s'occupait la
foule. Tous ses regards, tous ses applaudissements
allaient à un homme petit, mais très bien pris dans
sa petite taille, qui dansait et chantait devant le
chariot. A chaque chanson nouvelle, à chaque pas
nouveau c'étaient des cris d'enthousiasme et des
trépignements, il n'y en avait absolument que pour
lui. Thespis considérait le triomphateur avec une
certaine tristesse; il me fit un signe et m'appela près
de lui. « C'est le pitre, me dit-il, sa puissance est
énorme; mais patience, je finirai bien par en débarrasser le monde et le théâtre sera fondé... » Il dit et le
chariot s'éloigna, toujours accompagné par la foule
qui applaudissait et toujours précédé par le petit
homme qui chantait en dansant, ou qui dansait en
chantant, c'est comme l'on voudra.

Hier je venais de dîner avec un de mes amis; nous
avions fini, nous bavardions; nous parlions du théâtre,
lequel est, pour le moment, en train de traverser une
crise, comme chacun sait; mon ami, — c'est un homme
qui aime à dire des choses désagréables, — prétendait
que cette crise a un nom fort connu, qu'elle s'appelle
la vieillesse, la décrépitude... Le théâtre est mort, me
disait-il, ou du moins il va mourir, il n'y a plus au-

jourd'hui que le café-concert. Je me récriai : « Tu veux que je prouve, ajouta-t-il; c'est bien, je vais prouver... » Nous sortîmes ensemble; il me fit entrer dans une salle de spectacle : elle était à moitié vide. Il me mena ensuite dans un café-concert, la salle était bondée. Il avait, heureusement, pris la précaution de louer une loge; sans cela, nous n'aurions pas pu trouver de places. » Demandez le programme de la soirée, la nouvelle chansonnette du chanteur à la mode!... On chanta d'abord quelques insanités dont je ne parlerai pas, n'ayant pas le caractère de mon ami et n'aimant pas à dire des choses désagréables. Vers dix heures le chanteur à la mode fit son entrée; il chanta, il dansa et tout aussitôt les bravos éclatèrent, les bis et les rappels. — Quant à moi, je n'avais pu m'empêcher de pousser un cri. Dans ce petit homme, en dépit de son habit noir et de son gilet blanc, je venais de reconnaître celui que j'avais rencontré en rêve, celui que Thespis regardait avec tristesse et dont il m'avait promis de débarrasser le monde. Pauvre Thespis !

II. M.

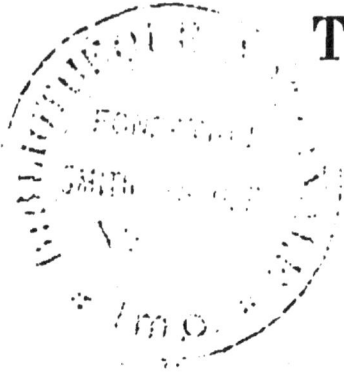

TABLE

	Pages.
Préface.	IX
Le Petit Noir..	3
Le Chevrier.	7
Les Chiffonniers.	11
Marchand d'habits..	15
Le Fontainier.	19
Marchande des quatre saisons.	23
Chanteur dans les cours.	27
La Poissarde.	31
Le Rémouleur..	35
Journaux et Canards.	39
Le Commissionnaire.	43
Donneur de coups de main.	47
Anneaux de sûreté.	51
Tondeurs de chiens.	55
Petits Chiens.	59
Le Marchand de billets.	63

The Distributer of prospectuses. 67

Marchand de coco. 71

Limonade en plein vent. 75

Glaces a un sou. 79

Joueur de bonneteau. 83

Loueurs de chaises. 87

Marchand de platres. 91

Voilà pour les courses! 95

Aux courses.. 99

Marchande de plaisir.. 103

Aboyeur de voitures. 107

Ramasseur de bouts de cigares 111

La Bouquetière.. 115

Le Café-concert 119

SOCIÉTÉ DES AMIS DES LIVRES

PRÉSIDÉNT D'HONNEUR :

S. A. R. Mgr le duc d'AUMALE, G. C. ✳.

COMITÉ

PRÉSIDENT :

M. Eugène PAILLET, ✳.

VICE-PRÉSIDENTS :

MM. Charles COUSIN, ✳.
PARRAN, ✳.

ARCHIVISTE-TRÉSORIER :

M. Armand BILLARD.

SECRÉTAIRE :

M. Alfred BÉGIS.

ASSESSEURS :

MM. Henry HOUSSAYE, ✳.
Henri BERALDI, ✳.
Abel GIRAUDEAU.

LISTE

DES

MEMBRES DE LA SOCIÉTÉ

MEMBRES TITULAIRES :

Mme ADAM (EDMOND), boulevard Malesherbes, 190.

MM. ARNAL (ALBERT), avocat à la Cour d'appel, *fondateur*, avenue d'Antin, 57.

AUMALE (S. A. R. Mgr Henri d'Orléans, duc d'), G. C., ✳, Chantilly (Oise).

BAPST (GERMAIN), ✳, *fondateur*, avenue Hoche, 18.

BÉGIS (ALFRED), avocat, *fondateur*, boulevard Sébastopol, 16.

BERALDI (HENRI), ✳, *fondateur*, rue d'Anjou, 65.

BESSAND (CHARLES ALLOEND), O. ✳, ancien président du Tribunal de Commerce de la Seine, rue du Pont-Neuf, 2 *bis*.

BILLARD (ARMAND), ancien président de section, au Tribunal de Commerce de la Seine, *fondateur*, rue d'Assas, 88.

BRIVOIS (JULES), *fondateur*, rue Montpensier, 10

MM. **BULOZ** (CHARLES), directeur de la *Revue des Deux Mondes*, rue de l'Université, 15.

CHAMP-REPUS (EUGÈNE-GABRIEL-MARIGUES DE), O. ✳️, lieutenant-colonel, *fondateur*, rue de l'Arcade, 8.

CHERRIER (HENRI), notaire, *fondateur*, rue du Louvre, 44.

CLÉMENT (LUCIEN), avocat, *fondateur*, rue du Cardinal-Lemoine, 53.

COLLIN (ÉMILE), ingénieur, rue de Miromesnil, 62.

COPPEAUX (THÉOPHILE), conseiller référendaire à la Cour des Comptes, rue du Général-Foy, 6.

COUSIN (CHARLES), ✳️, inspecteur principal et secrétaire de l'exploitation du chemin de fer du Nord, *fondateur*, rue de Dunkerque, 20.

CUSCO (GABRIEL), O. ✳️, membre de l'Académie de Médecine, *fondateur*, rue des Petits-Champs, 97.

DAGUIN (ERNEST), O. ✳️, ancien président du Tribunal de Commerce de la Seine, *fondateur*, rue Castellane, 4.

DÉSÉGLISE (VICTOR), ✳️, ancien membre du Tribunal de Commerce de la Seine, *fondateur*, rue Singer, 24.

DROIN (ERNEST), ✳️, président de section au Tribunal de Commerce de la Seine, quai des Grands-Augustins, 53 *bis*.

DRUJON (FERNAND), O. A. ✳️, chef du 1er bureau à la Préfecture de Police, *fondateur*, rue du Vieux-Colombier, 17.

MM. FORTIER-BEAULIEU (ADOLPHE), ❋, ancien membre de la Chambre de Commerce, rue Matignon, 22.

GALLIMARD (PAUL), architecte, *fondateur*, rue Saint-Lazare, 79.

GAUTHIER (FERDINAND), *fondateur*, rue Castellane, 8.

GIRAUDEAU (ABEL), docteur en médecine, *fondateur*, boulevard Haussmann, 174.

GRONDARD (CHARLES), rue de Miromesnil, 86.

HOUSSAYE (HENRY), ❋, O. I. ◉, homme de lettres, avenue Friedland, 49.

LAUGEL (AUGUSTE), ingénieur des Mines, *fondateur*, rue d'Anjou-Saint-Honoré, 12.

LEMARCHAND (CHARLES), ❋, *fondateur* avenue d'Antin, 12.

LESSORE (HENRI-ÉMILE), artiste peintre, *fondateur*, quai de Gesvres, 2.

LUCAS (PAUL), rue Grange-Batelière, 16.

MASSON (GEORGES), ❋, membre de la Chambre de Commerce, *fondateur*, boulevard Saint-Germain, 120.

MEILHAC (HENRI), O. ❋, membre de l'Académie française, place de la Madeleine. 10.

MERCIER (LÉON), *fondateur*, rue Félix, 11, à Nantes.

MOZET (CHARLES), O. ❋, O. A. ◉, ancien président de section au Tribunal de Commerce de la Seine, rue de la Bienfaisance, 39.

MM. OUACHÉE (Charles), O. ✲, ancien président de section au Tribunal de Commerce de la Seine, *fondateur*, quai Conti, 17.

PAILLET (Eugène), ✲, conseiller à la Cour de Paris, *fondateur*, rue de Berlin, 40.

PARRAN (Alphonse), ✲, ingénieur en chef des Mines, rue des Saints-Pères, 56.

PETIT (Fernand), O. A. ✺, ancien avocat au Conseil d'État et à la Cour de Cassation, boulevard Malesherbes, 99.

PIET (Alfred), avocat, *fondateur*, boulevard de la Madeleine, 17.

PORTALIS (baron Roger), *fondateur*, avenue de Wagram, 123.

POUGNY (Ernest), ✲, rue de Monceau, 14.

RIBOT (Henri), avenue d'Antin, 37.

RIVOLI (Masséna, duc de), rue Jean-Goujon, 8.

ROBERT (Nicolas-Éloi), ancien notaire, avenue d'Antin, 61.

RODRIGUES (Eugène), avocat à la Cour d'appel, rue Moncey, 16.

SIXDENIERS (Albert), attaché à la Banque de France, *fondateur*, rue de Verneuil, 56.

SOLACROUP (Émile), ✲, ingénieur en chef adjoint du chemin de fer d'Orléans, boulevard Malesherbes, 56.

TUAL (Léon), commissaire-priseur, *fondateur*, rue de la Victoire, 56.

M. UZANNE (Octave), homme de lettres, quai Voltaire, 17.

MEMBRES HONORAIRES :

MM. LONGPÉRIER-GRIMOARD (comte de), ❋, *fondateur*, boulevard de la Tour-Maubourg, 42.

TRUCHY (Émile), ❋, ancien président de section au Tribunal de Commerce de la Seine, rue de Rivoli, 158.

TRUELLE SAINT-EVRON, à Vannes (Morbihan).

MEMBRES CORRESPONDANTS :

S. M. la Reine de ROUMANIE, à Bucarest.

MM. ARBAUD (Paul), à Aix (Bouches-du-Rhône), rue du Quatre-Septembre.

ASHBEE (Henry-Spencer), Bedford Square, 53, London (England), et à Paris, rue des Jeuneurs, 38.

De BORMANS (Paul Van-der-Vrecken), à Tour-de-Paris, par Vienne-le-Château (Marne), et à Paris, rue de Rennes, 103.

BOUGARD, docteur en médecine, à Bourbonne-les-Bains (Haute-Marne).

MM. CLARETIE (Jules), O. ❀, membre de l'Académie française, administrateur général du Théâtre-Français, rue de Douai, 10.

DELAFOSSE (Charles), avocat à la Cour d'Appel, rue Saint-Guillaume, 32.

DESCAMPS-SCRIVE (R.), à Lille (Nord).

DETOMBES (Pierre), à Roubaix (Nord).

DUPUICH (Georges), O. ❀, capitaine au 5e régiment territorial d'artillerie, à Paris, rue de l'Université, 195.

GIRAUDEAU (Léon), agent de change, à Paris, rue d'Amsterdam, 90.

HOÉ (Robert), président du Grolier Club, à New-York.

HUVÉ (Jules), à Montmorency (Seine-et-Oise), et à Paris, rue Joubert, 20.

LAGORCE (Alfred), à Nîmes (Gard), rue de l'Aspic, 34, et à Cahuzac, par Sorèze (Tarn).

LIOUVILLE (Albert), ❀, avocat à la Cour d'Appel de Paris, rue des Saint-Pères, 12.

MATHEVON (Octave), ancien bâtonnier, avocat à la Cour d'appel, à Lyon-Vaise (Rhône), route de Bourgogne, 71.

MATTY-HUTCHINSON, à Congresbury (England), et rue de la Bienfaisance, 3, à Paris.

MORIZET, notaire à Reims (Marne).

PATINOT (Georges), O. ❀, directeur du *Journal des Débats*, rue de Rivoli, 184.

MM. POMMERAYE (Edouard de la), avocat à la Cour d'Appel, à Alexandrie (Égypte), et à Paris, chez MM. Marchal et Billard, libraires, place Dauphine, 27.

ROBERT (Julien), docteur en droit, à Fond-Lade, près Brignoles (Var).

SARCEY (Francisque), homme de lettres, rue de Douai, 59.

SACY (Jules-Silvestre de), rue des Réservoirs, à Versailles (Seine-et-Oise).

Mme TERAH-HAGGIN, rue Montchanin, 15.

M. WERLÉ (comte Alfred), à Reims (Marne).

IMPRIMÉ

PAR

GEORGES CHAMEROT

19, rue des Saints-Pères, 19

PARIS

FONDATION

Pierre Vidal